Projeto **Ápis**

ÁPIS DIVERTIDO

GEOGRAFIA

4º ANO

Ensino Fundamental

🔹 ESSTE MATERIAL CONTÉM PEÇAS E TABULEIROS DE DOIS JOGOS: **DE ONDE VEM?** E **CIDADE E CAMPO**.

NOME: _____ TURMA: _____

ESCOLA: _____

editora ática

CB026366

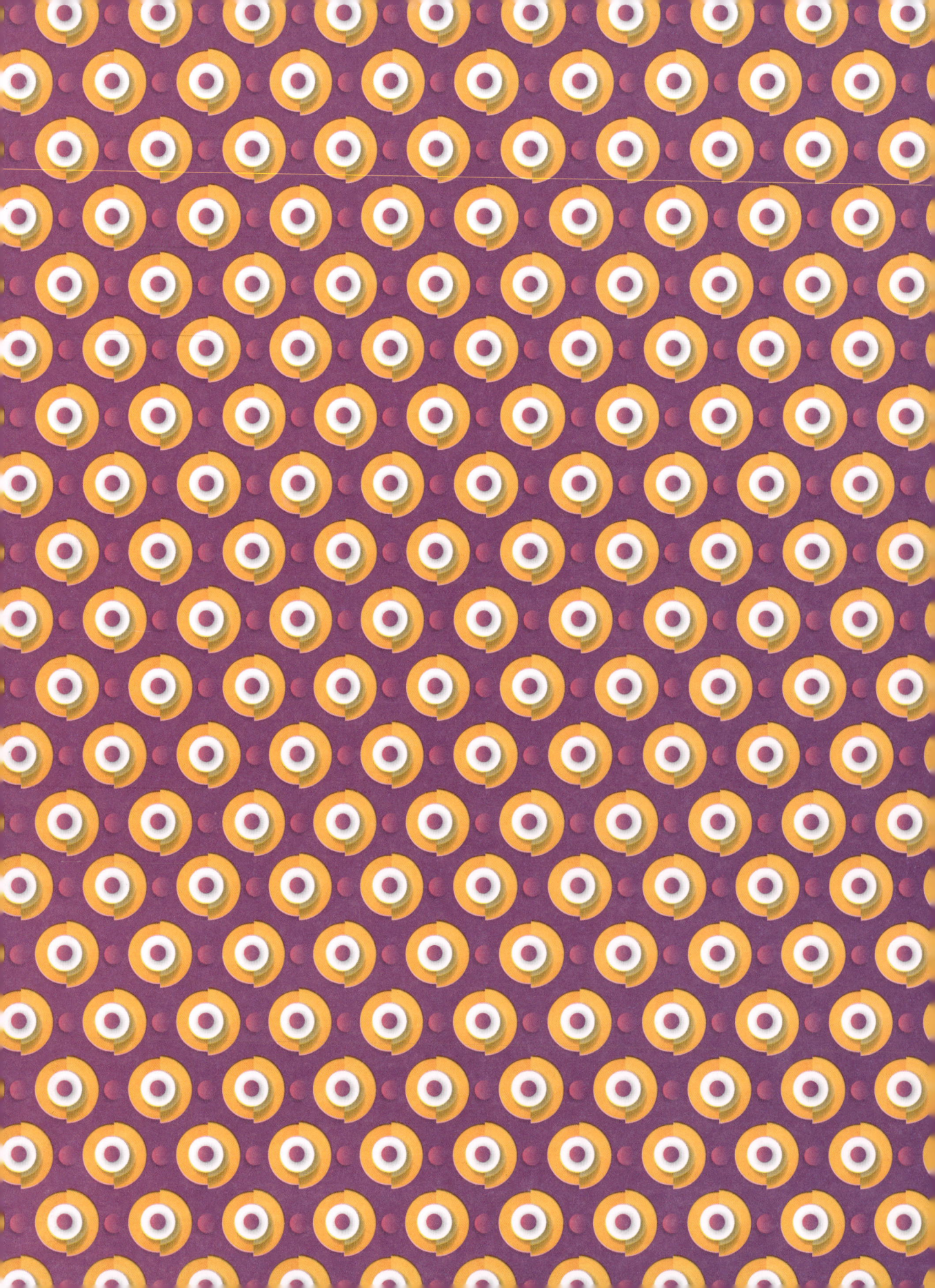

De onde vem?

Destaque as cartas a seguir para brincar com o jogo **de onde vem?**.

Borracha.

Extração de látex.

Blusas de algodão.

Plantação de algodão.

Açúcar.

Plantação de cana-de-açúcar.

O tabuleiro e as regras desse jogo estão no final do **Ápis divertido**.

De onde vem?

De onde vem?

De onde vem?

De onde vem?

De onde vem?

De onde vem?

De onde vem?

Soja.

Plantação de soja.

Salmão.

Pesca.

Anel de ouro com diamantes.

Garimpo manual.

De onde vem?

De onde vem?

De onde vem?

De onde vem?

De onde vem?

De onde vem?

De onde vem?

Latas de alumínio.

Extração de bauxita.

Panela de ferro.

Extração de minério de ferro.

Sal.

Salina.

De onde vem?

De onde vem?

De onde vem?

De onde vem?

De onde vem?

De onde vem?

Cidade e campo

Destaque e cole as figuras no tabuleiro nos locais indicados.

O tabuleiro e as regras desse jogo estão no final do **Ápis divertido**.

Cidade e campo

Destaque as cartas desta página e das páginas a seguir para brincar com o jogo **cidade e campo**.

"Chapeuzinho Vermelho" é um conto de fadas?

Resposta

Sim.
Ande 1 casa.

A letra **x** na palavra **exagero** tem som de que outra letra?

Resposta

Tem som de **z**.
Ande 1 casa.

Complete: Um canadense que mora no Brasil é um

_____.

Resposta

Imigrante.
Ande 1 casa.

O Brasil foi colônia de que país?

Resposta

Portugal.
Ande 1 casa.

A palavra **fazenda** é um verbo?

Resposta

Não, é um substantivo.
Ande 1 casa.

Cidade e campo

Cidade e campo

Cidade e campo

Cidade e campo

Cidade e campo

Cidade e campo

Vou viajar 15 quilômetros. Cada quilômetro tem 1 000 metros. Quantos metros vou percorrer?

Resposta

15 000 (quinze mil) metros
Ande 2 casas.

Em uma estrada há três pedágios. Cada um custa R$ 5,20. Qual é o valor total dos pedágios dessa estrada?

Resposta

R$ 15,60
Ande 1 casa.

Pequenino é o _____ da palavra **pequeno**.

Resposta

Diminutivo.
Ande 1 casa.

Cortei uma melancia em 7 pedaços. Dei 3 para os meus colegas. Que fração da melancia sobrou?

Resposta

$\frac{4}{7}$

Ande 2 casas.

Ganhei R$ 50,00 para comprar um brinquedo. Ele custava R$ 37,75. Quantos reais sobraram?

Resposta

R$ 12,25
Ande 2 casas.

Cidade e campo

Cidade e campo

Cidade e campo

Cidade e campo

Cidade e campo

Cidade e campo

Vovó me deu 120 balas e pediu que eu as dividisse com meus 2 irmãos. Com quantas balas cada um ficou?

Resposta

Cada um ficou com 40 balas.
Ande 1 casa.

Complete: Quando queremos descobrir o significado de uma palavra, usamos o

_____.

Resposta

Dicionário.
Ande 1 casa.

Quais são os quatro pontos cardeais?

Resposta

Norte (N), Sul (S),
Leste (L) e Oeste (O).
Ande 1 casa.

A pecuária é uma atividade de qual setor da economia?

Resposta

É uma atividade do setor primário.
Ande 1 casa.

Qual é o meio de transporte mais rápido: o trem ou o avião?

Resposta

O avião.
Ande 1 casa.

Cidade e campo

Cidade e campo

Cidade e campo

Cidade e campo

Cidade e campo

Cidade e campo

A maioria da população brasileira vive no campo ou em cidades?

Resposta

Vive em cidades.
Ande 1 casa.

Como se chama a energia que vem dos ventos?

Resposta

Energia eólica.
Ande 2 casas.

A madeira é um recurso natural renovável?

Resposta

Sim.
Ande 1 casa.

Quais são os três estados físicos da água?

Resposta

Sólido, líquido e gasoso.
Ande 2 casas.

Na cadeia alimentar, como são chamados os seres vivos que se alimentam de outros seres vivos?

Resposta

Consumidores.
Ande 2 casas.

O que é água potável?

Resposta

É a água boa para beber.
Ande 1 casa.

Cidade e campo

Cidade e campo

Cidade e campo

Cidade e campo

Cidade e campo

Cidade e campo

Cidade e campo

Destaque e monte os peões para brincar com o jogo **cidade e campo**.

Legenda:

———————— Dobre.

Cole.

Peão montado.

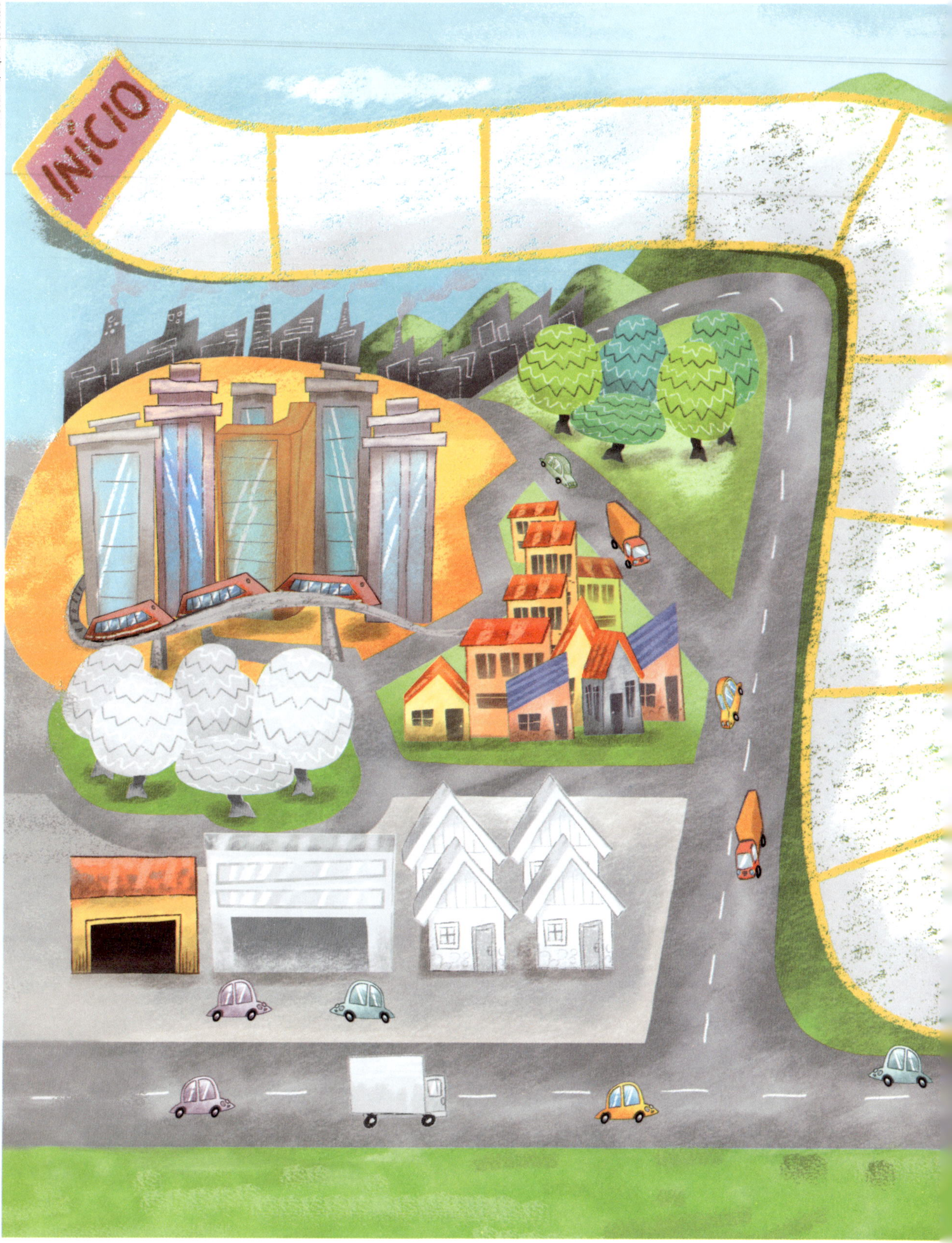

Ivan Coutinho/Arquivo da editora

Cidade e campo

Luiz mora em uma cidade grande e vai visitar os avós no campo. Vamos acompanhá-lo em sua viagem de férias?

Quantidade de participantes

- 3 a 4

Como jogar

- Destaque as figuras da página 9 e cole-as nos locais indicados no tabuleiro.

- Destaque as cartas das páginas 11 a 17.

- Monte os peões da página 19.

- Cada participante coloca seu peão na casa "início".

- Começa quem ganhar no "par ou ímpar" ou no "dois ou um".

- Para avançar pelas casas em direção ao campo, é preciso acertar as respostas às perguntas das cartas.

- As perguntas sempre serão feitas pelo colega que estiver à direita de quem está jogando.

- Cada participante tem uma chance de acertar a resposta. Se errar, o participante permanece na mesma casa e passa a vez para o outro.

- Vence aquele que chegar primeiro ao campo.

De onde vem?

De onde vêm os produtos que comemos e os objetos que fazem parte de nosso dia a dia? Vamos descobrir neste jogo?

Quantidade de participantes

- 2 ou 3

Como jogar

- Destaque as cartas das páginas 3 a 7.
- Coloque as cartas viradas para baixo no tabuleiro.
- Cada participante, na sua vez, deve desvirar duas cartas e ver se formam par, isto é, se representam um elemento e a respectiva atividade extrativista.
- Se as cartas formarem par, quem está jogando pega o par para si e pode tentar mais uma vez.
- Se as cartas não formarem par, elas devem ser colocadas de volta no tabuleiro, viradas para baixo, e passa-se a vez.
- Vence quem, ao final, conseguir o maior número de pares.

Cidade e campo

Luiz mora em uma cidade grande e vai visitar os avós no campo. Vamos acompanhá-lo em sua viagem de férias?

Quantidade de participantes

- 3 a 4

Como jogar

- Destaque as figuras da página 9 e cole-as nos locais indicados no tabuleiro.

- Destaque as cartas das páginas 11 a 17.

- Monte os peões da página 19.

- Cada participante coloca seu peão na casa "início".

- Começa quem ganhar no "par ou ímpar" ou no "dois ou um".

- Para avançar pelas casas em direção ao campo, é preciso acertar as respostas às perguntas das cartas.

- As perguntas sempre serão feitas pelo colega que estiver à direita de quem está jogando.

- Cada participante tem uma chance de acertar a resposta. Se errar, o participante permanece na mesma casa e passa a vez para o outro.

- Vence aquele que chegar primeiro ao campo.

Projeto Ápis

CADERNO DE ATIVIDADES

GEOGRAFIA

4º ANO

Ensino Fundamental

NOME: _____ TURMA: _____

ESCOLA: _____

editora ática

Sumário

Unidade 1 ▶ No mundo dos mapas 3

Unidade 2 ▶ A interdependência campo-cidade 9

Unidade 3 ▶ O território brasileiro 14

Unidade 4 ▶ O ser humano e a natureza 21

Carlos Bourdeil/Arquivo da editora

Neste caderno, você vai realizar atividades sobre assuntos tratados no livro. Esperamos que você aprenda muito com elas. Bom trabalho e mãos à obra!

No mundo dos mapas

1 Faça desenhos nos quadros abaixo, de acordo com as orientações.

a) Uma representação direta. Sugestão: Vista de uma das janelas da sua casa.

b) Uma representação indireta. Sugestão: De uma foto de que você gosta muito.

c) Uma representação imaginária. Sugestão: De um lugar que você gostaria de conhecer.

2 Leia o texto abaixo e conheça a história de Giovana.

Meu nome é Giovana e já morei em várias cidades do Brasil. Nasci em Cuiabá, no estado de Mato Grosso. Quando eu tinha quatro anos de idade, minha família e eu nos mudamos para São Luís, no estado do Maranhão. Moramos três anos lá. Quando fiz oito anos, meus pais, meu irmão e eu nos mudamos para a cidade do Rio de Janeiro, que fica no estado do Rio de Janeiro. No início deste ano, viemos morar nesta casa, em Foz do Iguaçu, no estado do Paraná. Sempre que eu e minha família nos mudamos para uma casa nova, faço um desenho dela.

Vicente Mendonça/Arquivo da editora

a) Em que cidades do Brasil Giovana já morou com a família? Sublinhe de **vermelho** no texto e escreva abaixo o nome delas, seguindo a ordem cronológica das mudanças.

_____

_____

b) Em que estados do Brasil Giovana já morou com a família? Sublinhe de **azul** no texto e escreva abaixo o nome deles, seguindo a ordem cronológica das mudanças.

_____

_____

c) Represente no mapa a história de Giovana. Siga as orientações.

- Escolha uma cor e pinte os estados em que Giovana já morou.

- Com outra cor, pinte os demais estados do Brasil.

- Represente, com setas, o deslocamento de Giovana e sua família, em função das mudanças de cidade. Lembre-se de começar por Cuiabá, cidade onde ela nasceu.

- Complete a legenda do mapa de acordo com a sua representação.

Brasil: divisão política

IBGE. **Atlas geográfico escolar**. 8. ed. Rio de Janeiro: IBGE, 2018. p. 94.

3 Observe as fotos abaixo e o mapa da página seguinte. Depois, faça o que se pede.

a) Identifique no mapa os lugares retratados nas fotos. Depois, complete corretamente as legendas das fotos com o nome dos estados.

Recife de corais na praia de Tambaba, em Conde,

no estado _____, 2017.

Vegetação da Caatinga em Serrita, no estado

_____, 2019.

Palácio dos Leões, em São Luís, no estado

_____, 2015.

Largo do Pelourinho, centro histórico de Salvador,

no estado_____, 2016.

Brasil: região Nordeste

IBGE. **Atlas geográfico escolar**. 8. ed. Rio de Janeiro: IBGE, 2018. p. 94.

b) Escreva a quadrícula do mapa em que está localizada a paisagem mostrada em cada imagem.

- Foto A: _____
- Foto B: _____
- Foto C: _____
- Foto D: _____

c) Com base nas fotos, complete o quadro a seguir.

Foto	Principal elemento natural	Principal elemento cultural
A		
B		
C		
D		

4 Leia o texto.

Júlia e a mãe dela, em um dia de sol, foram ao parque pela manhã.

Elas andaram de bicicleta e jogaram bola. Ao meio-dia, escolheram uma sombra para tomar o lanche. Depois, ali mesmo, descansaram um pouco.

De repente, Júlia começou a sentir calor e comentou:

— Mãe, quando sentamos para tomar o lanche havia uma sombra aqui. Agora ela não está mais. O que aconteceu?

a) Se você fosse a mãe de Júlia, o que responderia para a menina?

_____

_____

_____

b) Desenhe, de maneira aproximada, a posição do Sol no céu em cada ilustração abaixo, de acordo com a hora indicada. Atenção para a indicação das direções leste e oeste.

Depois, tente desenhar a sombra da árvore em cada situação.

Vanessa Alexandre/Arquivo da editora

A interdependência campo-cidade

1 Numere cada foto de acordo com o setor econômico que representa.

| 1 – Setor primário | 2 – Setor secundário | 3 – Setor terciário |

Escola em Floresta, no estado de Pernambuco, 2016.

Extração de calcário em Almirante Tamandaré, no estado do Paraná, 2016.

Indústria de máquinas de lavar roupas em Rio Claro, no estado de São Paulo, 2017.

Plantação de tomates em São Sebastião da Amoreira, no estado do Paraná, 2015.

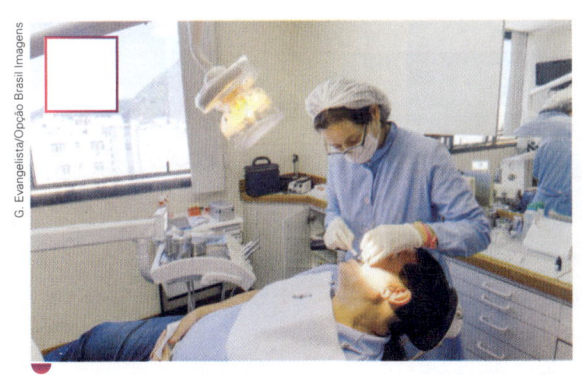

Consultório odontológico no município do Rio de Janeiro, no estado do Rio de Janeiro, 2014.

Indústria de farinha de trigo em Sertanópolis, no estado do Paraná, 2014.

2 O quadro a seguir apresenta símbolos e fotos representando um serviço público. Sua tarefa é relacioná-los. Veja o exemplo.

As imagens não estão representadas em proporção.

Símbolo	Foto	Serviço público
● ☐ (lixeira)	☐ Posto de saúde em Paulo Lopes, no estado de Santa Catarina, 2016.	☐ Fornecimento de energia elétrica.
☐ (árvores)	● Coleta de lixo em Monteiro, no estado da Paraíba, 2016.	☐ Lazer e esportes.
☐ (touca de enfermeira)	☐ Usina da Pedra no rio das Contas, em Jequié, no estado da Bahia, 2016.	▲ Saúde.
◆ (lâmpada)	■ Parque em Goiânia, no estado de Goiás, 2019.	● Coleta de lixo.

Ilustrações: Vicente Mendonça/Arquivo da editora

Luciana Whitaker/Pulsar Imagens

Delfim Martins/Pulsar Imagens

Rubens Chaves/Pulsar Imagens

weber santana/Shutterstock

3 Observe os produtos retratados em cada imagem. Escreva a principal matéria-prima utilizada na sua fabricação e se ela é obtida por meio do extrativismo, da agricultura ou da pecuária.

As imagens não estão representadas em proporção.

_____   _____

_____   _____

_____   _____

4 Complete cada lacuna com uma das palavras abaixo.

comercial   policultura   familiar   monocultura

A agricultura _____ geralmente desenvolve-se em pequenas e médias propriedades e emprega grande parte dos trabalhadores rurais. Nesse tipo de agricultura são cultivados vários produtos, sistema chamado

_____. A agricultura _____ desenvolve-se em grandes propriedades e emprega poucos trabalhadores. Nesse tipo de agricultura as propriedades cultivam geralmente um produto, sistema chamado

_____ .

5 Observe as ilustrações e faça o que se pede.

a) Numere as cenas em uma sequência cronológica, considerando o caminho que os produtos fazem do produtor até o consumidor.

b) Preencha o diagrama com as etapas do processo de produção ilustradas na página ao lado. Utilize as expressões abaixo.

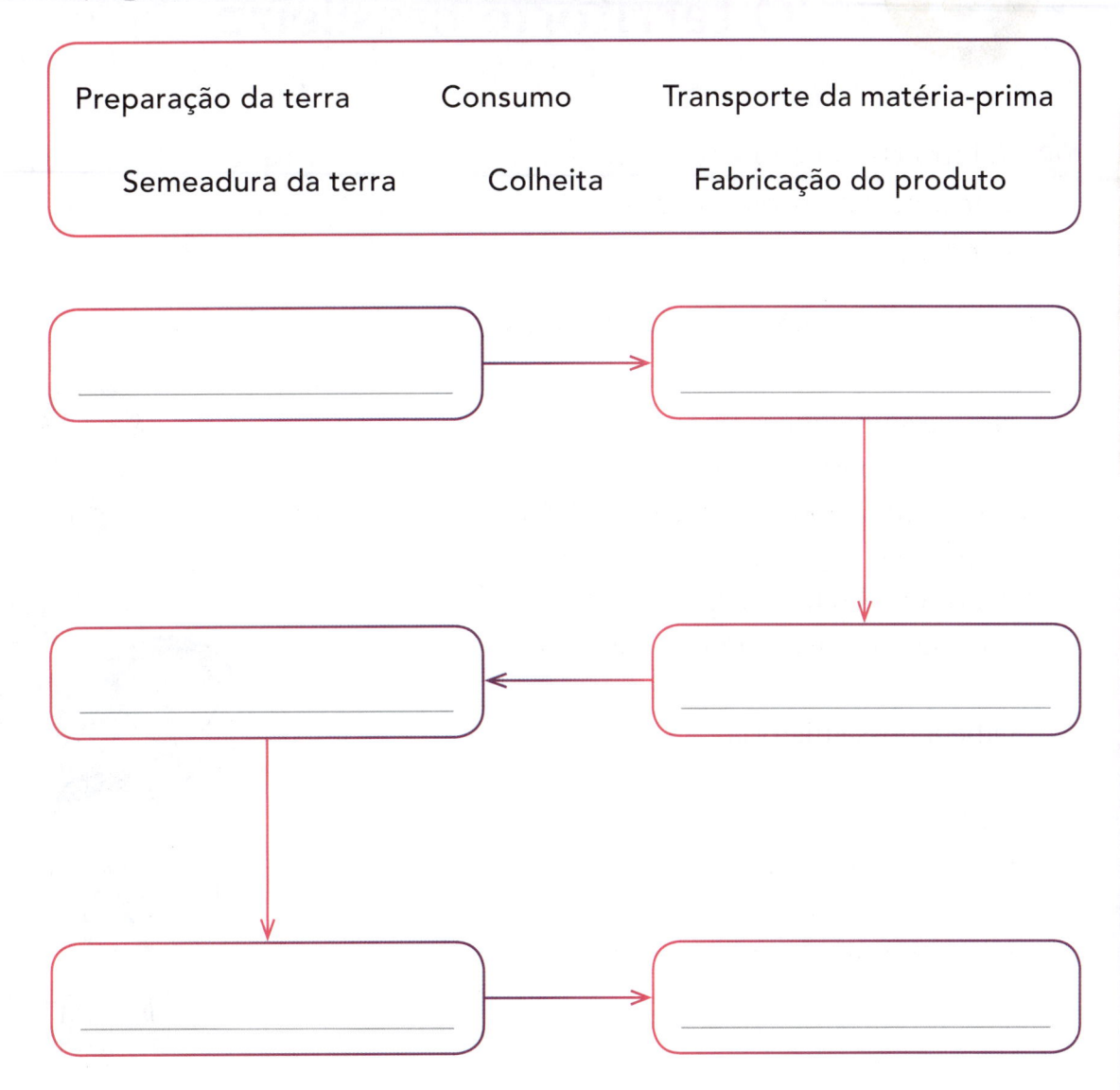

Preparação da terra   Consumo   Transporte da matéria-prima

Semeadura da terra   Colheita   Fabricação do produto

c) Com base no ciclo do produtor ao consumidor descrito anteriormente, explique, com suas palavras, por que o campo e a cidade dependem um do outro.

_____

_____

_____

_____

_____

O território brasileiro

1 A letra da canção abaixo é um *rap*, gênero musical urbano, caracterizado por uma fala ritmada sobre uma base musical. Leia o trecho da letra de canção.

Racismo é burrice

[...]
Não seja um ignorante
Não se importe com a origem ou a cor do seu semelhante
O que que importa se ele é nordestino e você não?
O que que importa se ele é preto e você é branco?
Aliás, branco no Brasil é difícil
Porque no Brasil somos todos mestiços.
[...]
Olhe a nossa história
[...]
Tinha índio, branco, amarelo, preto
Nascemos da mistura, então por que o preconceito?
[...]
Dê à ignorância um ponto final
[...]

GABRIEL O PENSADOR. Racismo é burrice.
In: _____. **MTV ao vivo**. Sony Music, 2003. 1 CD. Faixa 4.

Vicente Mendonça/Arquivo da editora

a) Por que o autor da canção diz que somos todos mestiços?

_____

_____

b) Por que devemos olhar a nossa história para compreender a miscigenação do povo brasileiro?

_____

_____

2 Você já imaginou como seria a sua cidade ideal?

A letra da canção a seguir conta parte da história de quatro animais (jumento, gata, cachorro e galinha) que fogem para a cidade em busca de um sonho: formar um conjunto musical. No trecho apresentado, o cachorro e a galinha contam como seria a cidade ideal deles. Leia com atenção.

A cidade ideal

Cachorro: A cidade ideal dum cachorro
Tem um poste por metro quadrado
Não tem carro, não corro, não morro
E também nunca fico apertado

Galinha: A cidade ideal da galinha
Tem as ruas cheias de minhoca
A barriga fica tão quentinha
Que transforma o milho em pipoca

[...]
Todos: O sonho é meu e eu sonho que
Deve ter alamedas verdes
A cidade dos meus amores
E, quem dera, os moradores
E o prefeito e os varredores
Fossem somente crianças.
[...]

Vicente Mendonça/Arquivo da editora

BUARQUE, Chico; BARDOTTI, Sérgio; ENRIQUEZ, Luiz. A cidade ideal. In: BUARQUE, Chico. **Os saltimbancos**. Universal, 1992. 1 CD. Faixa 6.

a) Como seria uma cidade ideal para você?

_____

_____

_____

b) Você considera ideal a cidade onde mora? Explique.

_____

_____

3 Leia o texto sobre a história da cidade de Blumenau, que fica no estado de Santa Catarina, e observe a foto. Depois, responda às questões.

A região de Blumenau era habitada por índios Kaigangs, Xoklengs também denominados Botocudos e, mesmo antes da fundação da Colônia Blumenau, já havia famílias estabelecidas na região de Belchior, nas margens do ribeirão Garcia e do rio Itajaí-Açu.

Em 1850, o filósofo alemão dr. Hermann Bruno Otto Blumenau obteve do **Governo Provincial** uma área de terras de duas **léguas** para estabelecer uma colônia agrícola, com imigrantes europeus.

Em 2 de setembro de 1850, dezessete colonos chegaram ao local onde hoje se ergue a cidade de Blumenau. Muitos outros imigrantes atravessaram o oceano Atlântico em veleiros de companhias particulares. E assim foi crescendo o número de agricultores, povoadores e cultivadores dos lotes, medidos e demarcados ao longo dos rios e ribeirões que banhavam o território [...].

[...] Em poucos anos, dr. Blumenau, dotado de grande energia e tenacidade, fez da colônia um dos maiores empreendimentos colonizadores da América do Sul, criando um importante centro agrícola e industrial influente na economia do país.

Herança da história de sua colonização, a **microrregião** de Blumenau possui costumes e tradições únicos. Colonizada no início por alemães, seguidos de italianos e poloneses, também recebeu habitantes do Vale do Rio Tijucas, descendentes de portugueses. Mesmo assim, as cidades da microrregião incorporaram principalmente as culturas alemã e italiana.

[...]

> **Governo Provincial:** governo da província (antiga divisão política do Brasil, anterior aos estados).
>
> **léguas:** unidade de medida antiga, que variava de lugar para lugar.
>
> **microrregião:** região formada por um grupo de municípios.

PREFEITURA DE BLUMENAU. História do município. Disponível em: <https://www.blumenau.sc.gov.br/blumenau/historia>. Acesso em: 31 jan. 2020.

Paulo Nabas/Shutterstock

Construções em estilo alemão em Blumenau, no estado de Santa Catarina, 2016.

a) De acordo com o texto, quem habitava a região hoje ocupada por Blumenau, antes da chegada do colonizador alemão?

_____

b) De acordo com o texto, que povos europeus ocuparam Blumenau? Marque com um **X**.

☐ alemães   ☐ ingleses   ☐ turcos

☐ japoneses   ☐ franceses   ☐ poloneses

☐ italianos   ☐ portugueses

c) Em qual atividade esses povos vieram trabalhar?

_____

_____

d) Observe o mapa da colonização da região Sul do Brasil.

- Além de Blumenau, cite outra cidade colonizada por imigrantes alemães.

_____

_____

- Cite uma cidade com colonização japonesa e uma cidade com colonização italiana.

_____

_____

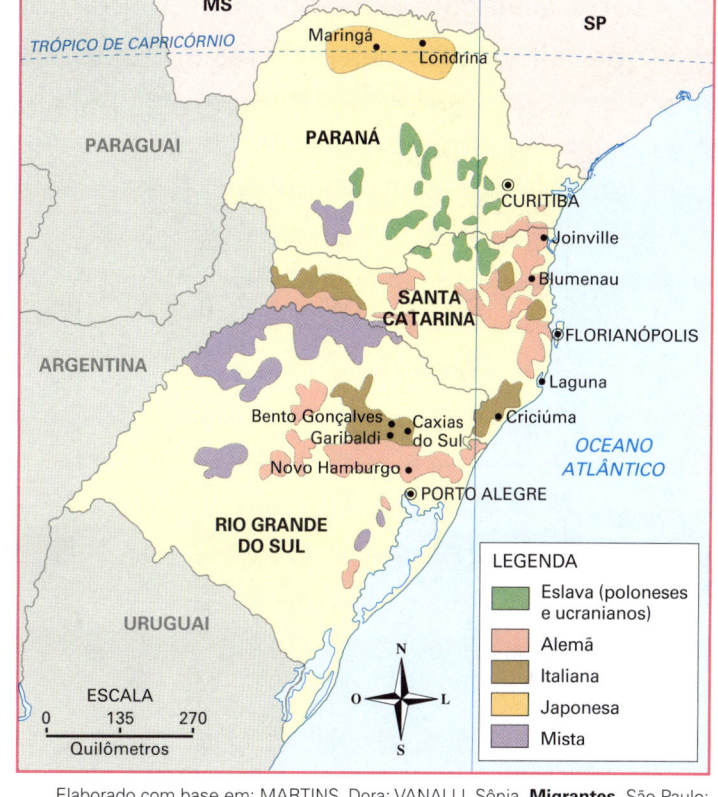

Região Sul: colonização

LEGENDA
- 🟩 Eslava (poloneses e ucranianos)
- 🟧 Alemã
- 🟫 Italiana
- 🟨 Japonesa
- 🟪 Mista

Banco de imagens/Arquivo da editora

Elaborado com base em: MARTINS, Dora; VANALLI, Sônia. **Migrantes**. São Paulo: Contexto, 1994. p. 78. (Repensando a Geografia).

4 Observe na foto ao lado uma construção em São Luís, no estado do Maranhão. Depois, responda às questões.

Construção com azulejos portugueses em São Luís, no estado do Maranhão, em 2019.

a) É possível identificar a influência de qual povo na construção retratada acima?

_____

b) Na sua opinião, qual é a importância de manter preservadas construções como essa?

_____

_____

5 Lucas, irmão de Mariana, mandou um *e-mail* para ela contando um pouco sobre a viagem que está fazendo pelo Brasil. Mas veja, na página seguinte, que faltam algumas palavras no texto. Vamos ajudar Mariana a completar a mensagem de Lucas? Encontre as palavras no diagrama abaixo e complete o texto da próxima página.

A	R	F	B	J	A	C	A	R	É	W	G	C	O	P
T	E	R	W	X	B	Y	B	M	I	O	U	L	N	O
U	G	U	S	T	E	R	R	I	T	Ó	R	I	O	P
R	I	T	T	P	A	I	S	A	G	E	M	M	R	U
I	Ã	I	K	S	R	T	S	N	A	L	I	A	D	L
S	O	C	R	P	A	N	T	A	N	A	L	S	E	O
T	P	A	Í	S	E	L	A	X	M	I	N	A	S	S
A	I	S	D	Y	M	O	X	N	Z	E	A	U	T	A
S	O	A	M	I	N	E	A	I	A	T	A	T	E	E
E	L	A	R	E	C	O	T	U	R	I	S	M	O	T

| Caixa de entrada | Contatos | Bloco de notas | Agenda |

Escrever   Enviar   Salvar como rascunho   Cancelar

Caixa de entrada (9)   Para   Mariana Dias <mariana.dias@mariana.com.br>   +

Rascunhos   Cc

Enviados   Cco

Spam (3)   Assunto   Sobre as descobertas na minha viagem   Anexar arquivos

Oi, Mari!

Que saudade de você! Logo voltarei para _____. Enquanto isso, vou contar um pouco do que descobri na minha viagem.

O Brasil é um _____ com um _____ muito grande. Por isso, as regiões têm _____ muito diferentes. Quando fui do Nordeste para o Sul, entrei no avião em Salvador vestindo *short* e camiseta, mas, quando cheguei em Curitiba, passei o maior frio.

O _____ tem praias muito bonitas. Elas atraem muitos _____. No estado do Rio Grande do Norte encontrei as praias mais lindas dessa região.

A região Sudeste também é muito bonita. Ela é a mais _____ do Brasil. Nela, fica a cidade mais rica do país, que é São Paulo.

Passei pelo _____ e vi muito _____. Essa é uma área do país que ocupa parte da região Centro-Oeste. Aliás, nessa região, no centro do país, tem muita _____ bonita para se ver! Lá costuma ter muita atividade de _____, que é um tipo de turismo que valoriza as belezas naturais, com respeito à natureza.

A _____ Norte é a menos povoada do país. O pessoal conta que antigamente era mais difícil e demorado chegar lá. Hoje não, o acesso é mais fácil. Nessa região há muitos povos indígenas que vivem do que a floresta oferece. Temos muito o que aprender com eles! Em breve, escrevo novamente!

Um beijo,

Lucas

6 Observe a pintura de Tarsila do Amaral. Depois, responda às questões.

Operários, de Tarsila do Amaral, 1933 (óleo sobre tela, de 150 cm × 205 cm).

a) A qual atividade econômica o quadro faz referência? Por quê?

_____

_____

_____

b) Considerando a época em que Tarsila fez essa pintura, que relação é possível estabelecer entre a obra e o processo de urbanização do Brasil, principalmente da região Sudeste? Explique com suas palavras.

_____

_____

_____

O ser humano e a natureza

1 Chamamos de amplitude térmica diária a variação entre a temperatura máxima e a temperatura mínima do dia em um lugar. No dia 17 de abril de 2017, o *site* Climatempo (www.climatempo.com.br) registrou as seguintes informações sobre algumas cidades brasileiras:

Capital/estado	Temperatura mínima (°C)	Temperatura máxima (°C)	Amplitude térmica (°C)	Região brasileira
Belo Horizonte (MG)	17 °C	29 °C	12 °C	
Fortaleza (CE)	23 °C	31 °C		
Goiânia (GO)	19 °C	32 °C		
Rio Branco (AC)	23 °C	32 °C		
Florianópolis (SC)	16 °C	24 °C		

a) Veja o exemplo e descubra como calcular a amplitude térmica diária das outras cidades. Escreva o nome da região a que pertence cada cidade.

b) Assinale qual foi a cidade que apresentou a maior amplitude térmica diária.

☐ Florianópolis (SC) ☐ Fortaleza (CE)

☐ Rio Branco (AC) ☐ Goiânia (GO)

☐ Belo Horizonte (MG)

c) Qual é a diferença de temperatura mínima entre a cidade mais quente e a mais fria? _____

d) E a diferença de temperatura máxima?

_____

e) Qual foi a cidade mais fria nesse dia? Em que região ela fica?

_____

2 Leia as frases abaixo e assinale **V** para as verdadeiras e **F** para as falsas. Depois, reescreva as frases falsas, corrigindo-as.

a) A forma de relevo predominante no Brasil é o planalto. ☐

b) Os rios correm de lugares de menor altitude para lugares de maior altitude. ☐

c) A área ocupada por um rio principal e seus afluentes é chamada bacia hidroelétrica. ☐

d) A bacia do rio São Francisco tem suas nascentes fora do território brasileiro. ☐

e) O planeta Terra pode ser dividido em três zonas climáticas: zona tropical, zonas temperadas e zonas polares. ☐

f) A maior parte do território brasileiro está na zona temperada. ☐

g) A Floresta Amazônica ocupa as áreas mais frias do Brasil. ☐

_____

_____

_____

_____

_____

_____

3 Leia o trecho da letra da canção abaixo. Ela fala de uma atividade típica do litoral brasileiro.

O mar

O mar quando quebra na praia
É bonito, é bonito

O mar... pescador quando sai
Nunca sabe se volta, nem sabe se fica
Quanta gente perdeu seus maridos, seus filhos
Nas ondas do mar.
[...]
Pedro vivia da pesca
Saía no barco
Seis horas da tarde
Só vinha na hora do sol raiá

Todos gostavam de Pedro
E mais do que todos
Rosinha de Chica
A mais bonitinha
[...]
Pedro saiu no seu barco
Seis horas da tarde
Passou toda a noite

E não veio na hora do sol raiá
[...]
Pobre Rosinha de Chica
Que era bonita
Agora parece que endoideceu
Vive na beira da praia
Olhando pras ondas
Andando rondando. [...]

CAYMMI, Dorival. O mar. In: _____. **Caymmi amor e mar**. EMI Music, 2001. 7 CDs. Faixa 19.

Pesca artesanal em Caravelas, no estado da Bahia, 2015.

a) Que atividade econômica é tema da canção?

_____

b) Qual tipo de extrativismo é praticado pela atividade econômica citada na canção?

_____

c) Cite outras profissões ligadas ao mar.

_____

_____

4 Observe a foto, leia a legenda e resolva as questões.

▶ Pulverização de agrotóxico em plantação de cana-de-açúcar em Paranacity, no estado do Paraná, 2016.

a) A situação mostrada na foto é boa ou ruim para o solo? Por quê?

_____

_____

b) Além do solo, que outros elementos podem ser prejudicados em função do uso de agrotóxicos?

_____

5 Leia a notícia abaixo, sobre as enchentes de 2020, na cidade de Belo Horizonte, no estado de Minas Gerais.

[...]

As chuvas em janeiro em Belo Horizonte bateram uma marca histórica de 110 anos, segundo o Inmet (Instituto Nacional de Metereologia). O volume registrado – 935,2 mm – é quase o triplo da média registrada no mês de janeiro nos últimos 30 anos, 329,1 mm.

"Os desastres são resultado da quantidade excessiva de chuvas que caiu em curto espaço de tempo, mas a culpa não é da chuva. A culpa é da maneira que ocupamos o território", diz Borsagli*.

[...]

* Alessandro Borsagli, professor e geógrafo.

CANOFRE, Fernanda; CHOUCAIR, Geórgea. Canalizações tornaram enchentes mais frequentes e mais violentas em BH, diz especialista. **Folha de S.Paulo**, 31 jan. 2020. Disponível em: https://www1.folha.uol.com.br/cotidiano/2020/01/canalizacoes-tornaram-enchentes-mais-frequentes-e-mais-violentas-em-bh-diz-especialista.shtml>. Acesso em: 2 fev. 2020.

● O que Alessandro Borsagli quis dizer ao afirmar que a culpa pelas enchentes é da maneira como ocupamos o território?

_____

_____